Pia Barsch

Mein Käferchen

Familientragödie in drei Akten

Herstellung und Verlag:
BoD - Books on Demand, Norderstedt
ISBN 978-3-7460-3316-7

Personen:

Reinhold W.

Elise W. (dessen Ehefrau)

Brigitte, Lisa und Sabine (dessen Töchter)

Gerhard und Thomas (Ehemänner von Brigitte und Sabine)

Anna (uneheliche Tochter von Lisa)

Tom (Freund von Lisa)

Erster Akt

Erster Auftritt

(In Lisas Schlafzimmer. Sie liegt im Bett und schläft. Anna kommt herein.)

Anna: Guten Morgen Mama. Darf ich noch zu dir ins Bett kuscheln? Oder müssen wir gleich aufstehen?

Lisa: Nein, komm nur. Wir haben viel Zeit. Ich habe sowieso keine Lust aufzustehen. Am liebsten würde ich noch Tage im Bett bleiben, rumgammeln und einfach nichts tun.

(Anna kuschelt an ihre Mutter)

Anna: Bist du wieder traurig Mama?

Lisa: Ja, Schatz.

Anna: Dabei ist doch heute Heiliger

Abend. Ich bin schon ganz aufgeregt. Freust du dich nicht auf die vielen Geschenke, auf die vielen Lichter und... und ach, alles das eben?

Lisa: Nein.

Anna: *(schaut erstaunt fragend auf)* Ja wie... nein? Du bist schon die ganze Zeit so komisch. Seit alle von Weihnachten sprechen, spinnst du.

Lisa: Ob man das spinnen nennen kann? Aber es stimmt. Weißt du wie man die vier Wochen vor dem Heiligen Abend nennt?

(Anna kuschelt sich wieder an und überlegt)

Anna: Oh...irgendwas mit sinnen, oder so?

Lisa: Ja, so ähnlich. Man nennt sie auch die besinnliche Zeit. Besinnen kann heißen, nachdenken über alles Mögliche. Zum Beispiel über das Christkind, wie das wohl war, in der Nacht als es geboren wurde? Ich überlege oft, ob ihm kalt war. Mir ist am Heiligen Abend immer ganz kalt.

Anna: Mir nicht! Mir ist immer ganz heiß, wegen der vielen Geschenke.

Lisa: *(schaut ins Leere)* Ich habe die besinnliche Zeit dazu genutzt, um über mich und meine Familie nachzudenken.

Anna: Über mich auch?

Lisa: Nein, mit dir hat das nichts zu tun, auch wenn du zu meiner klitzekleinen Familie gehörst. *(fängt an Anna zu kitzeln)*

Anna: Halt... Mama, nein... bitte nicht kitzeln! Will lieber schmusen. *(grunzt leise)* Und über was hast du nachgedacht?

Lisa: Ich habe an die vielen Weihnachtsfeste gedacht, die waren, als ich Kind war. Du weißt doch, dass Oma und Opa früher eine Gaststätte bewirtschafteten? Dort war an Weihnachten immer viel los. Wir, deine Tanten und ich, mussten viel arbeiten. Am Heiligen Abend wurde die Gaststätte erst um zwei Uhr nachmittags geschlossen, dann konnten wir erst feiern. Dein Opa hat jedes Jahr eine Gans gebraten. Es gab Rotkraut und Kartoffeln dazu. Ich habe mich riesig auf diese Stunden gefreut. Heute überlege ich mir warum, denn sie waren alle gleich schrecklich. Der äußere Rahmen passte zum Fest, aber der innere nicht... vielleicht hatte ich gehofft, dass es einmal anders abläuft. Erst hat sich Opa vollgefressen, dann vollgesoffen, und dann gab es Krach.

Anna: Warum hast du mir nie davon erzählt? Ich bin doch schon so groß!

Lisa: Ja Schatz. Nur musste ich, bis heute, nie darüber nachdenken. Die ganzen Jahre habe ich an Weihnachten entweder gearbeitet oder wir waren verreist. Letztes Jahr waren wir bei Oma in Frankfurt, erinnerst du dich? Hm... dieses Jahr kann ich mich nicht wieder drücken.

Anna: Wegen mir müssen wir nicht dorthin. Die Geschenke können wir auch morgen noch kurz abholen.

Lisa: Du nervst mich mit deinen Geschenken. Natürlich sind die für dich ganz wichtig, aber Weihnachten hat doch wohl einen anderen, einen ernsthafteren Sinn.

Anna: Einen besinnlichen Sinn?

Lisa: *(lacht)* Ja, so ähnlich.

Zweiter Auftritt

(Lisa und Anna in der Küche am Frühstückstisch. Es klingelt)

Lisa: Gehst du aufmachen? Es ist bestimmt Marlies.

Anna: Immer ich! *(geht und öffnet die Tür)*

Lisa: Hallo Marlies, komm setz dich. Hast du schon Tee getrunken?

Marlies: Hallo Lisa, nein noch nicht, ich kann aber einen gebrauchen. *(holt sich Geschirr aus dem Schrank und bedient sich)*

Lisa: Na, wie war der Spätdienst gestern?

Marlies: Oh... frag mich nicht! Auf der Station geht es drunter und drüber. Alle wollen heim, und die, die dableiben müssen, sind unheimlich traurig. Es ist schon schlimm, Weihnachten im Krankenhaus sein zu müssen.

Lisa: Was ist schlimm daran? Ich wäre froh, wenn ich heute ins Krankenhaus käme.

Anna: Ich sag's ja, die spinnt. *(tippt sich mit dem Finger auf die Stirn)*

Marlies: Was ist denn mit dir? Geht's dir nicht gut?

Lisa: Doch, doch... ich muss nur immer an heute Abend denken. Die Gedanken lassen sich einfach nicht abstellen. Immer wieder kommen sie, ich habe das Gefühl, sie fressen meinen Kopf auf.

Marlies: *(mit sachlichem Gesicht)* Hast du das in deiner letzten Sitzung erzählt?

Lisa: *(braust auf)* Du immer mit deinen Sitzungen! Ist ein Psychoanalytiker ein Herrgott, oder was?

Marlies: Warum bist du so gereizt? Mir geht es immer besser, wenn ich alles erzählen kann.

Lisa: Du redest doch ständig von Dingen,

die erst in einem reifen müssen, bevor man damit arbeiten kann. Bei mir reift es im Moment, und ich denke, heute Abend sind die Früchte überreif!

Marlies: Na gut... lassen wir das. Ist da noch ein Brötchen übrig? Ich habe noch nicht gefrühstückt.

Lisa: Ja klar, iss nur!

(Pause. Jeder widmet sich seinem Essen)

Lisa: Heute Nacht konnte ich nicht schlafen. Ich habe wieder ein Gedicht geschrieben.

Marlies: Wieder ein so trauriges?

Lisa: Für mich nicht. Es passt zu meiner momentanen Stimmung.

Marlies: Lies es mir bitte vor!

Lisa: Ich brauch es nicht vorzulesen. Ich habe alle meine Gedichte im Kopf.

Marlies: Also los!

Anna: Ich gehe mal lieber. Ich will noch

Geschenke einpacken, Bilder malen, überhaupt bin ich die Einzige, die heute was tut. Frühstück habe ich auch schon alleine gemacht, weil die Mama heute wieder zu nichts Lust hat. *(steht auf und geht mit vorwurfsvollem Blick hinaus)*

Lisa: Komm, liebster Mensch
       wir teilen uns
       drei Elefantenhäute
       an denen
       kurz vor der Seele
       abprallen kann
       die Angst und die Verletzlichkeit
       und dann
       müssen wir nur noch
       erschlagen... innen... (sie beginnt zu weinen)
       dieses tiefe, schwarze Loch
Marlies: Warum weinst du jetzt?
Lisa: *(schreit)* Kapierst du das nicht? Die-

ses tiefe, schwarze Loch kann man nicht einfach so erschlagen, auch nicht verdrängen, überspielen oder einfach wegwerfen! Es kommt immer wieder, und es frisst mich so langsam mit Haut und Haaren auf.! *(spricht leiser)* Das Schlimme ist, es wird mir erst wieder bessergehen, wenn ich durch dieses tiefe schwarze Loch gegangen bin. Ich habe so viel Angst davor, sie scheint unüberwindlich und drückt mir permanent die Kehle zu. Ich kann nicht mehr atmen, nicht mehr sprechen,- nur noch kotzen... sonst nichts.

<u>Marlies:</u> *(tätschelt Lisas Hand)* Du sprichst doch und das ist gut so. Hast du dir schon einmal Gedanken darüber gemacht, wie du deine Lage verändern kannst?

<u>Lisa:</u> Ja, schon tausend Mal. Es ist aber nichts dabei herausgekommen. Eine Analyse geht so langsam voran, wie du weißt. Im Moment wiegt die Angst noch über je-

dem Befreiungsversuch. In meinen Sitzungen passieren ganz schreckliche Dinge, die mir die Kraft rauben. Eigentlich bin ich in Therapie gegangen, um Kräfte zu schöpfen. Der Vorgang ist nun einmal der, ich muss noch einmal durch den ganzen Mist gehen, ehe ich ihn ad acta legen kann. Aber das ist im Moment nicht mein Problem. Ich habe Angst vor heute Abend. Es ist der erste Heilige Abend seit 5 Jahren, um den ich mich nicht drücken kann.

Marlies: Was soll den passieren? Und überhaupt! Wenn du dich wirklich drücken wolltest, hättest du es geschafft, oder nicht? Also, was willst du dort?

Lisa: Ich weiß nicht.

Marlies: *(etwas heftiger)* Ich weiß nicht, ich weiß nicht...! Das gibt es nicht. Du musst doch eine Ahnung haben?

Lisa: Wenn ich dir von den vielen Weihnachtsfesten erzähle, die ich erlebt habe, verstehst du vielleicht, warum ich heute so schlecht drauf bin. Manchmal denke ich, das glaubt mir kein Mensch. Mein Vater hat den Frust wegen der Pleite seiner Firma und dem damit verbundenen Verkauf unseres Hauses, das er mit seinen eigenen Händen gebaut hatte, nie verarbeitet. Und dann, wenn die Familie zusammen war, also an Weihnachten, hat er immer wieder zeigen müssen, dass er halt doch noch wer ist. Sein ständig steigender Alkoholkonsum tat den Rest dazu. Meistens hatte er schon beim Frühstück einen sitzen. Bis nachmittags hat er mit seinen Stammtischbrüdern gesoffen. Um fünf Uhr am Nachmittag gab es Essen. Gefeiert wurde in der Kneipe, nie in unseren Privaträumen über der Gaststätte. Irgendwie war er damals schon mehr mit dem Zapfhahn liiert als mit meiner Mutter und uns. Nach dem Essen gab es die Geschenke.

Entweder Schlafanzüge oder Bettwäsche. Einmal habe ich ein paar Hausschuhe bekommen, die waren so hässlich, dass ich es kaum beschreiben kann. Ich habe mir jedes Jahr viel Mühe gegeben mit den Geschenken für meine Eltern, habe alles versucht, um an Geld zu kommen, um ihnen das kaufen zu können, was ihnen wirklich Freude macht. Aber uns konnten sie nie was Schönes schenken. Drei Mädchenhaus, das ist doch toll. Man braucht nicht lange zu überlegen. Man kauft einfach drei Mal Bettwäsche in verschiedenen Farbtönen... fertig! Meistens ging es nach der Bescherung los, manchmal auch etwas später, es war immer so eine Stille nach der Bescherung, wie wenn jeder auf den Knall wartet. Es war, als gehöre diese Tragödie schon zu unserem Leben dazu. *(kurze Pause)*

<u>Marlies:</u> Was ist, geht es nicht weiter?

Was war dann?

Lisa: (*schaut nachdenklich an die Wand*) Wie soll ich dir das erklären? Ich weiß nicht, wie das anfängt. Auf einmal ist die Hölle los. Entweder hat er uns schikaniert, oder aber einen ganz banalen Aufhänger für einen Streit gefunden. Er hat uns nacheinander beschimpft und kein Ende gefunden. Mit stetiger Steigerung hat er seinen Frust über uns ergossen, so lange, bis es einer von uns nicht mehr aushielt und den Mund aufmachte. Das war Papas Stichwort. Er stand auf, schnappte sich die, die er greifen konnte und drosch drauflos! Wenn meine Mutter dazwischen ging, hatte sie ihn am Hals, deshalb hielt sie still. Sie sah zu, wie er seine Töchter verprügelte. Mein Vater hat mich in diesen Jahren einige Male krankenhausreif geschlagen. Ich hatte Mühe die Striemen, Kratzer und Blutergüsse am nächsten Tag vor den

Gästen zu verbergen. Selbstmord und Mordversuche waren der Gipfel der ganzen Tragödie. Einmal hat er Mama gewürgt, sie war schon im ganzen Gesicht blau als ich dazu kam. Ich dachte, er hatte sie umgebracht. Ein anderes Mal haben wir, Brigitte und ich, Mama von einem Stuhl runtergeholt, weil sie gerade dabei war sich zu erhängen. Es ist schrecklich, wenn ich an die vielen sinnlosen Wunden denke. Ganz zu schweigen von den seelischen, die bis heute nicht geheilt sind. Unter dem Schorf hat sich Eiter gebildet; verstehst du? Dickflüssiger, gallengelber, widerlicher Eiter, der bis heute seinen Weg nach außen sucht und furchtbar schmerzt.

Marlies: Eine schlimme Sache. Ich weiß jetzt, was du meinst. Es ist verlogen, nicht? Für dich muss Weihnachten eine besondere Tortur sein.

Lisa: Die letzten Jahre habe ich es ganz

gut verdrängen können, obwohl sich jedes Jahr zur Adventszeit eine dicke schwere Decke über mein Leben legt und ich zu ersticken drohe.

Marlies: Wenn ich an unsere Weihnachtsfeste Zuhause denke, muss ich gestehen, dass sie nur wenig schöner waren. Aber ich verstehe nicht, was dich genau bedrückt. Solche Feste können doch nicht der Auslöser für eine solche Reaktion sein? Schau dich doch mal an! Du bist ganz fertig, müde und hast dunkle Augenringe... außerdem siehst du ganz bleich aus. Es muss etwas anderes sein, etwas... wie soll ich sagen?

Lisa: Lass es! Sag nichts! Ich will nichts mehr hören.

Marlies: Also gut, ich muss sowieso gehen. Ich möchte vor dem Dienst noch eine Weile schlafen.

Lisa: Ich wünsche dir einen schönen

Abend.

Marlies: (*steht auf, sucht nach ihrem Auto-schlüssel und geht zur Wohnungstür. Lisa folgt ihr*) Macht's gut ihr beiden!

Lisa: Tschüss Marlies.

Anna: Tschüssi! (ruft sie aus ihrem Zimmer)

Dritter Auftritt

(Marlies trifft Tom im Hausflur vor Lisas Wohnungstür)

Marlies: Hallo Tom!

Tom: Guten Morgen Marlies. Wie geht es dir?

Marlies: *(deutet mit dem Daumen zur Tür)* Mir ganz gut, aber ihr... ihr geht es nicht so gut. Sie ist da nicht die Einzige. Vielen Menschen geht es in der Adventszeit schlecht. Bei Lisa ist es außergewöhnlich heftig, sie wird es überwinden.

Tom: Mich wundert es nicht bei ihren Eltern. Kennst du sie?

Marlies: Klar, du auch?

Tom: Ich habe sie nur einmal gesehen und bin aber erschrocken. Ihr Vater ist ein Hüne. Groß, fett, alles erscheint breit an ihm. Sein Gesicht ist brutal und furchtbar rot, ein typisches Alkoholikergesicht eben.

Ihre Mutter ist ähnlich, nur dass sie manchmal menschliche Züge an sich hat. Mich haben sie nie akzeptiert, am wenigsten Lisas Vater.

Marlies: Ja, ich weiß! Verkommenes Subjekt nannte er dich mal in meiner Gegenwart.

Tom: Weißt du, ob sie hingeht?

Marlies: Ja, sie ist fest entschlossen, aber frage mich nicht warum. Ich würde nicht hingehen.

Tom: Sie nervt mich und Anna schon seit Wochen. Ständig ist sie schlecht gelaunt, kaum ansprechbar, apathisch und das Schlimmste, sie isst kaum etwas. Manchmal bricht sie den ganzen Tag, weint nur noch und ist nicht zum Sprechen zu bewegen. Nach einer Sitzung ist es etwas besser, meist fällt sie nach kurzer Zeit wieder zurück. Vielleicht sollte ich zu ihr ziehen, schon wegen Anna. Sie braucht einen Ausgleich und irgendwer muss sich doch um die Beiden kümmern.

Marlies: Wenn ich mehr Zeit hätte, wäre ich öfter hier.

Tom: Macht nichts, ich mach das schon. Äh... kann ich dich mal was fragen?

Marlies: Frag halt!

Tom: Sie benimmt sich manchmal so komisch, ich meine, oft weiß nicht mehr, was sie gemacht hat, auch nicht was sie sagt... glaubst du sie ist verrückt?

Marlies: Das kommt darauf an, was du unter verrückt verstehst. Wenn du mich schon so fragst, sie ist es nicht. Allerdings hätte ich solch eine Frage von dir nicht erwartet. Es versteht sie nur keiner und das ist ihr Problem.

Tom: Ja, ja, es tut mir schon leid. Nur, diese Dinge, die sie tut, sind nicht normal. Sie sitzt stundenlang am Fenster und schaut ins Leere, sie beantwortet mir Fragen, die ich vor Tagen gestellt habe, sie kauft Dinge, die kein Mensch braucht, und manchmal lacht sie laut auf und fragt mich, wie sie heißt.

Marlies: Diese Psychoanalyse braucht Zeit, sie wird schon wieder. Mach dir keine allzu großen Sorgen, das ist nur eine Übergangserscheinung, die wieder verschwindet.

Tom: Hoffentlich! Ich würde bei ihr bleiben... unbedingt, auch wenn es hoffnungslos wäre. Sie ist ein ganz besonderer Mensch, weißt du?

Marlies: Ja, ich weiß! Ich muss gehen. Tschüss.

Tom: *(klingelt an der Wohnungstür)* Tschüss.

Vierter Auftritt

(wieder in Lisas Wohnung. Sie öffnet die Tür)

Tom: *(umarmt und küsst Lisa)* Hallo Liebes!

Lisa: *(vergräbt ihr Gesicht in Tom´s Parka)* Deine Jacke riecht wie... der Geruch kommt mir irgendwie bekannt vor... er macht mich... bitte Tom, geh mit mir ins Bett!

Tom: Spinnst du? Kannst du nicht einmal normal reagieren, wenn ich komme? Manchmal glaube ich, ich bin an allem schuld.

Lisa: *(wendet sich ab)* Du verstehst mich nicht!

Tom: Ich möchte nicht wieder streiten. Du begrüßt mich, erzählst mir was von einem Geruch, willst sofort Sex, obwohl Anna da ist.

Lisa: Sonst lässt du dich doch auch nicht von Anna stören.

Tom: *(ist fassungslos und verwirrt)* Ich weiß nicht mehr, was ich mit dir machen soll. Komme doch einmal zu dir!

Lisa: Ich bin erschreckend nah bei mir.

Tom: *(schaut sie fragend an)* Deine Sinnlichkeit ist manchmal erschreckend.

Anna: *(kommt aus ihrem Zimmer)* Hallo Tom!

Tom: *(küsst Anna)* Guten Morgen Anna. Was machst du?

Anna: Ich packe Geschenke ein und male für Oma und Opa ein Bild.

Tom: Zeigst du es mir, wenn es fertig ist?

Anna: Ja, wenn du willst. *(sie geht wieder in ihr Zimmer)*

Tom: *(zu Lisa)* War ihr Vater heute schon da?

Lisa: Nein, er hat sie wohl wieder vergessen.

Tom: Komm, gehen wir in die Küche, ich habe Hunger.

Lisa: Frühstückstisch ist noch nicht abgedeckt. Machst du das, wenn du gegessen hast? Ich muss duschen und mich umziehen, es ist schon spät. *(sie gehen zusammen in die Küche)*

Tom: Lass dir doch Zeit. Es hetzt dich doch keiner.

Lisa: Du kennst meinen Vater nicht. Wenn ich unpünktlich bin, dann...

Tom: *(unterbricht Lisa)* Dein Vater wird dir nicht gleich den Kopf abreißen. Was ist los mit dir?

Lisa: Geht diese Fragerei schon wieder los, lass mich in Ruhe! Ich darf doch nicht... *(erschreckt)*

Tom: Was darfst du nicht?

Lisa: Ich darf es nicht erzählen, es ist verboten. *(schaut verwirrt)*

Tom: (eindringlich) Was darfst du nicht?

Lisa: Es erzählen... darf ich nicht. Es ist verboten. Ach Tom! *(wirft sich in seine Ar-*

me) Ich weiß nicht, was ich tun soll. Erzähle ich, was mich bedrückt, dann geht ein Mensch... ja eine ganze Familie drauf, erzähle ich es nicht... gehe ich drauf. *(fängt an zu weinen)* Ich kann damit nicht mehr weiterleben. Der Dreck, der viele Dreck geht nicht mehr ab. Wenn ich dich, Anna und meinen Doktor nicht hätte, dann wäre ich schon längst tot. Und trotzdem ist es nur ein Aufschub, eine leichte Besänftigung der Dinge, die in mir vorgehen. Meine Träume, meine Fantasien sind voll von diesen Käfern, voll von Maikäfern, von dicken, widerlichen Dingern, wenn ich weglaufe, fliegen sie mir in Scharen hinterher, die brummen so laut und drohen mir entsetzlich. Ich renne immer schneller, und dann wache ich auf, weil ich ihn in meinem Mund spüre, ich ekle mich drauf zu beißen.

Tom: Deine Maikäferphobie kenne ich ja,

aber von dem Dreck habe ich noch nichts gewusst. Was soll das bedeuten? Ich verstehe das alles nicht. Dieser Analytiker kostet so viel Geld; was tut der eigentlich? Der verdient sein Geld auch im Schlaf. Ach, wenn ich dir nur irgendwie helfen könnte!

Lisa: Tom, ich muss das alles alleine machen. Vielleicht kann ich es dir genau erzählen, wenn es vorbei ist, dann wenn ich die ganze Geschichte genau kenne. Ich bin so unsicher... weiß es nicht genau. *(denkt kurz nach)* Die Decke im Auto, sie roch wie dein Parka, also muss ich es wissen, ich kenne ja den Geruch. Er ist doch da, ich bin doch nicht verrückt! Ich muss da durch und wenn mich die ganze Welt erdrückt. Freiheit, heißt keine Angst haben, vor nichts und niemandem. Frag mich jetzt nicht weiter, ich mache es so, wie ich denke. Es ist besser als mein Leben lang dreckig zu sein und nicht genau zu wissen warum.

Tom: Du machst mir Angst.

Lisa: Ich bin froh, dass du heute Abend hier bist und auf mich wartest. Es beruhigt mich irgendwie. Außer Anna bist du der einzige Mensch, der mir wichtig ist. Du bist wie Kaffeeduft und Kerzenlicht. *(schnuppert an Tom)*

Tom: *(schiebt sie von sich weg)* Lass das doch!

Lisa: Doch, wirklich!

(Der Vorhang fällt)

Zweiter Akt

Erster Auftritt

(Wohnungstür und Flur von Reinhold und Elise. Es klingelt, Elise öffnet)

Elise: Na, wenigstens ihr seid pünktlich, kommt herein!

(Anna und Lisa betreten den Flur und ziehen ihre Mäntel aus)

Anna: Hallo Oma.

Elise: Lass doch dieses dämliche -Hallo Oma- *(zu Lisa)* Bringe dem Kind doch mal gute Umgangsformen bei, anstatt den ganzen Tag mit ihr zu spielen.

Anna: Die Mama spielt aber gar nicht den ganzen Tag mit mir. Sie muss doch arbeiten.

Elise: Ja, ja, nimm sie nur wieder in Schutz. Du bist und bleibst ein verwahrlostes Kind.

Lisa: Jetzt halt aber mal den Mund! Es geht schon wieder toll los!

Elise: Fange nicht schon wieder an mit mir zu streiten. Wir haben doch eine Abmachung. *(flüstert)* Opa ist in der Küche. Bitte sei nett zu ihm. Er ist schon ganz nervös... und bitte, keinen Streit!

Lisa: Ja, wie jedes Jahr. Wer streitet denn dann? Wer kann es denn ohne Prügel nicht aushalten?

Elise: *(winkt ab)* Opa hat wieder starke Schmerzen. Heute Morgen war er beim Arzt und hat zwei Spritzen bekommen und einen Haufen Tabletten.

Lisa: Ich habe es satt, mir ständig die Schmerzensleier anzuhören! Trotz starker Schmerzen hat er nicht das Recht geschont zu werden oder uns zu prügeln. Du unterstützt das Ganze immer wieder, mit wachsender Begeisterung sogar, und grenzenlos. Es ist entsetzlich, mach doch mal die Augen auf!

Reinhold: (schreit aus der Küche) Wer ist es?

Elise: *(schreit in Richtung Küche zurück)* Lisa und Anna.

Reinhold: Wenigsten was!

Elise: Sabine und Brigitte sind natürlich noch nicht da. Setzt euch schon mal ins Wohnzimmer. Nein halt! Ich bin ja noch gar nicht soweit. *(sie verschwindet im Wohnzimmer)*

Anna: Typisch Oma. Lässt uns einfach im Gang stehen.

Lisa: Bei ihr habe ich immer das Gefühl im Regen zu stehen, auch wenn die Sonne scheint.

(Elise kommt aus dem Wohnzimmer zurück, tut sehr geheimnisvoll)

Elise: Jetzt ist alles soweit. Kommt rein! Das Essen ist gleich fertig. Wie geht es Tom?

Lisa: Gut, warum?

Elise: Ich hoffe immer, du findest mal was Besseres.

Lisa: So wie du Mama? Nein danke! Dann habe ich lieber keinen Mann. Tom ist der liebste Kerl der Welt.

Elise: Kann sein, aber er arbeitet doch nichts. Außer als Aushilfe am Bau die paar Stunden. (schwärmerisch) Ich habe mir schon immer gewünscht, einen Mann zu bekommen, der sich bei der Arbeit nicht die Finger schmutzig macht und für den ich keine...

Lisa: (fällt ihr ins Wort) Ich weiß... keine blauen Antons waschen muss. Mama, du redest immer dasselbe. Du hast einen, für den du keine Antons waschen musst. Und? Bist du zufrieden? Du siehst jedenfalls nicht so aus!

Elise: Dein Vater sagt, Tom ist der ewige Student, ein Faulpelz eben!

Lisa: Du weißt genau, dass Tom viel lernen muss und deshalb wenig arbeiten kann. Sein Vater finanziert ihm außerdem sein Studium, was ich von meinen Eltern nie erwarten könnte.

Elise: Da kannst du mal sehen, dass er von seiner Herkunft her schon nicht zu dir passt. Elitäres Gesocks sagt dein Vater dazu.

(Lisa ist die Enttäuschung ins Gesicht geschrieben)

Lisa: Er schlägt mich wenigstens nicht. Der, den ihr mir als Ehemann anpreisen wolltet hat mich geschlagen und er hat gesoffen, so wie Papa.

Elise: *(wendet sich Anna zu)* Was bringt dir das Christkind? Was meinst du Anna?

(Lisa und Anna schauen sich an)

Lisa: Du lenkst schon wieder ab.

Anna: Oma, du hast da einen blauen Fleck. *(zeigt mit dem Finger auf Elises Arm)*

Elise: (*krempelt sich schnell den Ärmel der Bluse über den blauen Fleck*) Ach das ist nicht schlimm, hab mich da gestoßen.

Lisa: (*schaut ihre Mutter fragend an*) Vor kurzem hast du noch angegeben, er schlägt dich nicht mehr?

Elise: Ach Kind! Wenn du wüsstest!

Lisa: Mama, lass dich doch scheiden. Was willst du noch bei ihm? Du bist erst knappe 50, du bist noch recht hübsch, wenn du etwas aus dir machen würdest. Papa ist roh und gemein, er wird sich nie ändern. Ich jedenfalls habe es begriffen. Er ist kein Mann, kein Mensch, er ist ein brutales Tier.

Elise: Nein, das stimmt nicht, dein Vater ist liebevoll und sehr nett, wenn er nicht getrunken hat.

Lisa: Lassen wir das. Solange du ihn immer wieder in Schutz nimmst, haben meine Bemühungen dir zu helfen, scheinbar keinen Sinn.

Anna: Ich geh mal zu Opa in die Küche.

Elise: Nein, nein, störe ihn nicht. *(zu Lisa)* Siehst du, sogar Hausarbeiten übernimmt er gern. Er hat fast alles alleine gemacht.

Lisa: Nur an Weihnachten die obligatorische Zubereitung der Gans. Dafür darf er dich dann das ganze Jahr schlagen?

Elise: Du bist so direkt Kind. Das ist nicht gut. Gewöhne dir das ab.

(es klingelt erneut. Elise scheint erleichtert das Gespräch abbrechen zu können. Der Flur wird nicht mehr beleuchtet, er bleibt bis zum Ende des Stückes im Dunkeln. Die Begrüßung von Elise, Brigitta und Gerhard ist für den Zuschauer nicht zu sehen.)

Zweiter Auftritt

(Brigitte und Gerhard kommen zusammen mit Elise ins Wohnzimmer. Sie begrüßen sich untereinander mit Kuss)

Reinhold: *(tritt auf, geht an Krücken)* Was ist das schon wieder? 10 Minuten zu spät. *(wirft einen verächtlichen Blick auf Gerhard und Brigitta)* Ihr lernt das nie! Heilige Abend wird um 5 Uhr gegessen! Wo bleibt Sabine? Gibt es jemanden in dieser Scheiß-Familie, der auch mal was richtig macht?

Elise: *(beschwichtigend)* Vielleicht ist was mit dem Auto?

Reinhold: Was ist denn das überhaupt für eine Begrüßung?

(alle, außer Elise, geben ihm die Hand, geben ihm einen Kuss, was mit sichtlicher Abneigung bei allen geschieht)

Anna: Kann es jetzt losgehen?

Reinhold: Ja, mein Schäfchen, Essen fassen!

(alle Personen gehen zum Tisch, außer Elise, sie trägt die Speisen auf. Stillschweigend wird serviert und begonnen zu essen)

Anna: Opa, sind die Gänse schon geschlüpft?

Reinhold: Nein, noch nicht. Später gehen wir zusammen runter und schauen nach. Dein Küken ist schon geschlüpft. Es ist viel schöner als das erste.

Elise: Ist er nicht lieb zu dem Kind? Schaut doch, welche Mühe er sich gibt.

Reinhold: Halt den Mund! Sie interessiert sich wenigstens für meine Experimente und hackt nicht dauernd auf mir rum, so wie du!

Elise: Wo bleiben Sabine und Thomas nur? *(schaut unruhig auf die Uhr)*

Reinhold: Typisch deine Tochter!

(Wieder langes Schweigen, welches von er-

neutem Klingeln unterbrochen wird. Elise geht um die Tür zu öffnen und kommt mit Sabine und Thomas herein)

Sabine: *(begrüßt Reinhold, küsst ihn)* Guten Abend Papa.

Thomas: Guten Abend Herr Wagner.

Reinhold: *(verächtlich)* Ach, mein werter Schwiegersohn! Hast du immer noch nicht Autofahren gelernt?

Sabine: Thomas hatte heute Dienst. Ich hatte Mama aber schon letzte Woche gesagt, dass wir später kommen.

Reinhold: *(zu Elise)* Warum hast du das nicht gleich gesagt? Wenn ich mit dem Essen gewartet hätte, hätte ich entweder eine verbrannte oder eine kalte Gans essen müssen. Ich hasse das! *(schreit jetzt)* Bist du überhaupt zu irgendwas fähig? Du bist zu allem zu blöd!

Sabine: Wir sind ja nun da.

Reinhold: Überlass das mir, wann ich mich

aufzuregen habe. Ich dulde solches Ge-
quatsche nicht. Bei solch einer Schlampe
als Ehefrau kann man sich nur aufregen!
*(Elise fängt an zu weinen und verlässt das
Zimmer. Brigitte folgt ihr)*
Jetzt flennt die schon wieder. Habe ich
was gesagt? Nichts habe ich gesagt, nur
die Wahrheit. Aber die kann ja hier keiner
hören. Euer Mutter ist halt dumm und un-
fähig. *(zu sich selbst)* Warum habe ich die
nur geheiratet? *(nun lauter)* Wer holt mir
noch ein Bier?

<u>Thomas:</u> Ja natürlich, ich gehe. *(springt auf
und verlässt den Raum)*

<u>Reinhold:</u> Das einzig vernünftige Wort
heute. *(zu Sabine)* Dein Mann ist ein
Waschlappen, schau ihn an, wie er bu-
ckelt! Was gefällt dir bloß an dem? Ist der
denn zu was zu gebrauchen? Ich will endlich einen Enkelsohn!

Sabine: *(wird verlegen und nervös)* Papa, bitte!!

Reinhold: Du fängst an, wie deine Mutter, du kannst die Wahrheit nicht vertragen. Der steht doch vollkommen unter deinem Pantoffel, das ist doch kein Mann. Und du, *(zeigt mit dem Finger auf Gerhard)* Du bist auch ein Waschlappen. Los, sag was, wenn du ein Mann wärest, würdest du dich wehren! Oder hat sie es dir verboten? Die hat bestimmt gesagt, dass du dich nicht wehren darfst, sie sagte, ich bin ein Krüppel, stimmt's? Wie ihre Mutter, die ist auch so eine. Los, gib es schon zu! Ihr macht einen Narren aus mir, nur weil ich nicht mehr richtig gehen kann. *(schaut auf seine Krücken)* Ich hasse sie ... und euch auch!

Gerhard: Komm, wir trinken erst mal was, dann geht es dir gleich wieder besser.

(Lisa schaut Gerhard scharf an)

Gerhard: (*zu Reinhold*) Einen Himbeer-geist?

Reinhold: Habe ich schon jemals etwas anderes getrunken? Geh raus und hol mir ein Glas aus dem Eisfach! So trinke ich ihn am liebsten.

(*Gerhard geht und kommt gleich darauf mit einem Glas zurück*)

Reinhold: Das klappt ja wie am Schnür-chen. Wenigstens bei dir ist Hopfen und Malz noch nicht verloren. (*schenkt ein*) Ihr anderen wollt ja nichts, gell? Ist auch nichts für euch, nur was für Männer! Prost!

Gerhard: Prost!

(*In diesem Moment kommt Thomas mit dem Bier in den Raum*)

Reinhold: Hat lange genug gedauert, musstest du das Bier erst brauen? Hier könnte man verdursten und keiner merkt es. Hast dich sicher um deine liebe Schwiegermutter gekümmert. Mach dir nichts draus, die heult noch eine Weile.

Thomas: Nein, sie kommt gleich.

Reinhold: Wird auch höchste Zeit. (*haut Anna roh auf die Schulter*) Wir sind schon ganz ungeduldig, die Anna und ich.

Anna: Ja, jetzt wird es spannend.

Dritter Auftritt

(Die zwei Frauen, Elise und Brigitte kommen ins Wohnzimmer zurück. Alle gehen zur Sitzgruppe und setzten sich. Nur Reinhold zündet umständlich die Kerzen am Tannenbaum an. Er schwankt und seine Krücken sind dabei im Weg, dann fällt ihm eine aus der Hand. Lisa steht auf, um die Krücken aufzuheben)

Reinhold: Das kann ich alleine. Kümmere du dich um deinen Kram!

(Lisa hebt sie auf und hält sie Reinhold hin)

Ich sagte doch, ich kann das selbst. Pass bloß auf, sonst fängst du eine!

(Lisa hat Mühe sich zu sammeln, sagt aber nichts)

Reinhold: Holt eure Geschenke, dann habt ihr wenigstens was zu tun! Oder soll ich es jedem von euch einzeln vorkauen? Lesen könnt ihr ja hoffentlich, sind überall Namensschilder drauf.

(Anna stürzt sich auf ihre Geschenke, die An-

deren folgen ihr nur zögernd)

<u>Elise:</u> (*schaut Anna zärtlich an*) Anna hat den größten Stapel.

(*Die drei Geschwister schauen sich an, packen aus. Zum Vorschein kommt jeweils Bettwäsche, in drei verschiedenen Farben. Gerhard und Thomas bekommen eine Taschenlampe. Eine rote und eine blaue. Die Enttäuschung steht allen ins Gesicht geschrieben, nur Lisa lächelt*)

<u>Reinhold:</u> Was ist? Gefällt es euch nicht? Hat einen Haufen Geld gekostet das Zeug. Und du? (*zu Lisa*) Was grinst du so blöd?

<u>Lisa:</u> Weil ich es jetzt satt habe. Euch so unendlich satt habe. Nicht nur der Bettwäsche wegen, die übrigens zum Kotzen ist, wie alles, was ich je von euch bekommen habe.

Reinhold: (*schaut ungläubig auf seine Tochter. Erstaunt ist er plötzlich und hellwach*)
Wie bitte? Was hast du gesagt?

Lisa: Du hast es doch gehört.

Elise: Bitte Kind, keinen Streit.

Lisa: Doch, heute will ich mal diejenige sein die streitet, und wie ich streiten will! Fangen wir an!

Reinhold: Du wagst es zu meckern! Ich fasse es nicht! Du musst die Bettwäsche nicht nehmen, dann habe ich wenigstens schon etwas für deinen Geburtstag. (*er lacht gehässig*)

Brigitte: Ich bin auch nicht mehr bereit das hinzunehmen. Entweder du bist in der Lage uns endlich wie Menschen zu behandeln oder wir gehen jetzt.

Reinhold: Was, du gehst nach Hause, nur weil dir die Bettwäsche nicht gefällt? Also von dir hätte ich so was Undankbares nicht erwartet. Hat dich die da (*zeigt mit dem Finger auf Lisa)* aufgehetzt? Kann ich mir denken! Dabei war die Bettwäsche so teuer.

Lisa: Papa, hast du nicht gemerkt, dass es schon lange nicht mehr um die Bettwäsche geht? *(wendet sich an alle)* Sagt doch auch mal was!

Sabine: Mir gefällt die Bettwäsche. *(zu Thomas)* Und die Taschenlampe gefällt dir auch, sag es meinem Vater!

Thomas: Ja, ja, das ist alles ganz toll.

Reinhold: Siehst du, du spinnst mal wieder. Ich dachte du bist mehr aus meiner Linie, jetzt muss ich feststellen, dass du mit der Zeit wie deine Mutter wirst. Das hat man nun davon, wenn man zu nachsichtig ist.

Lisa: Ich kann mich nicht erinnern. Du warst niemals nachsichtig mit mir.

Reinhold: Doch! Frag deine Mutter. Was ist nur aus dir geworden? Eine alleinstehende Frau mit Kind, ha, ha, und auch noch ohne Mann. Aber an denen fehlt es dir ja nicht. (*mit Blick auf Elise*) Wo du das nuttige Getue bloß herhast?

Elise: Von mir kann sie das nicht haben.

Reinhold: Klar, dazu bist du auch zu blöd.

Elise: Muss das Kind alles hören? (*nickt in Richtung Anna*)

Reinhold: Ja, sie muss!

Lisa: Sie weiß sowieso Bescheid.

Reinhold: Ach, die hast du also auch schon gegen mich aufgehetzt?

Lisa: Nein, sie sieht mich an, das reicht ihr. Wir haben es uns auch anhören müssen, jeden Tag und vor allem die Nächte. Da hat es euch nicht gestört, dass wir zuhörten. Widerlich, wie ihr euch immer beschimpft habt. Ganz zu schweigen von den Prügeleien Tag und Nacht. Wir mussten es immer aushalten. Wisst ihr überhaupt noch was ihr mit uns gemacht habt?

Ausgebeutet habt ihr uns, misshandelt und eingesperrt.

Reinhold: Jetzt ist aber Schluss. Das sind doch olle Kamellen. Da denkt doch schon lange keiner mehr dran.

Lisa: Oh doch! Ich denke dran, keine Worte kann ich dafür finden. Seit Jahren bin ich in psychologischer Behandlung, um es zu formulieren. (erschreckt und fasst mit der Hand an den Mund)

Reinhold: Da laust mit doch der Affe. Das darf doch nicht wahr sein.

Elise: Kind, du bist doch nicht verrückt, oder?

Reinhold: Klar ist die verrückt. Hörst du nicht, was sie erzählt?

Elise: Ich habe schon immer zu dir gesagt, dass mit Lisa etwas nicht stimmt. Ausgelacht hast du mich. (zu Lisa) Du hättest halt doch Robert heiraten sollen, der hätte dir diese Flausen ausgetrieben.

Lisa: Du redest immer von Sachen, die gar nicht dran sind. Ich weiß, es wäre dir recht gewesen, hätte ich auch einen Alkoholiker geheiratet. Mir würde es heute gehen wie dir, nein danke! Ich will einen Partner, keinen... ach nichts! (*schaut auf Thomas, dann auf Gerhard. Die sagen nichts und schauen auf den Boden*)

Sabine: Es ist nicht gut, so mit den eigenen Eltern zu sprechen. Ich finde wir sollten ein paar Weihnachtslieder singen und es uns gemütlich machen. (*Lisa schaut ihre Schwester ungläubig an*) Papa ist doch sehr krank und er hat starke Schmerzen, die vielen Medikament tun ihm auch nicht gut. Sei doch mal ehrlich, es ist bestimmt nicht angenehm ein Leben lang auf Krüppeln.., äh ich meine...

Lisa: Ha, ein Freudscher Versprecher. Ja, Mama hat es oft genug gesagt. (*zur Mutter*) Oder weißt du das nicht mehr? Ich kann

Papa erzählen was du gesagt hast, -ein Krüppel ist er- hast du gesagt, -im Bett bringt er auch nichts mehr- ja, das hast du auch gesagt. (*schreit jetzt*) Mama, ich war 9, wie konntest du mir nur so was erzählen? Wie sollte ich das verkraften?

(*Reinhold fängt an zu weinen, alle schauen betreten auf ihn*)

Sabine: Siehst du, was du angerichtet hast?

Lisa: (*schreit*) Was angerichtet? Das ist doch seine Masche. Stundenlang saß er früher an meinem Bett und hat sich ausgeheult bei mir, hat Rotz und Wasser geplärrt, meine Hand fast zerdrückt dabei, seinen ganze Weltschmerz über mich ergossen, auch er hat mich mit 9 zum Seelsorger gemacht. Und ich habe es geschluckt und noch mal geschluckt. Heute noch sitzt es in meinen Eingeweiden, wie ein dicker wüster Klops. Angefleht hat er mich, ich solle mit ihm gehen, wenn er die Familie verlässt. Hoch und heilig musste ich ihm versprechen mit ihm zu gehen, egal wohin. Am nächsten Morgen dann, (*ihre Stimme überschlägt sich fast*) hatte er alles vergessen. Keines Blickes hat er mich gewürdigt, ich war wie immer Dreck, sonst nichts.

Reinhold: Die ist tatsächlich verrückt. Ich fasse es nicht!

Lisa: (*zu ihren Geschwistern*) Warum bleibt ihr still dabei? Macht endlich den Mund auf! Oder habt ihr diesen verlogenen Haufen noch nicht durchschaut? Was müssen sie noch mit euch machen, dass ihr es kapiert? Was macht ihr mit eurem Klops im Hals?

Anna: (*geht zu Lisa, umarmt sie*) Komm Mama, gehen wir nach Hause.

Lisa: Nein Anna, ich bin noch nicht fertig. Der größte Hammer kommt noch.

Reinhold: Ja, haut alle ab! Ich kann euch nicht mehr sehen.

Lisa: Heute geht es anders rum. Heute teile ich mal aus. Das bist du nicht gewöhnt, wie? Komm trink noch was, dann kannst du hemmungsloser prügeln!

Reinhold: (*verliert langsam die Fassung*) Ich will doch bloß in Ruhe feiern. Ich will gar nicht streiten.

Lisa: Und doch hast du es immer getan. Tag für Tag, ohne Ausnahme. Diesen Haufen hier hast du gut im Griff, alle Achtung, ich könnte das nicht. Aber heute ist Schluss, zumindest mit mir.

Brigitte: Jetzt sei doch endlich ruhig!

Sabine: Ja Lisa, so kannst du nicht mit Papa sprechen.

Lisa: Wenn es euch stört, geht nach Hause. Ich bin noch nicht fertig mit ihm... ich bleibe.

Thomas: (*zu Sabine*) Es ist wohl besser wir gehen.

Sabine: Ja, du hast Recht. Wir nehmen Anna mit und liefern sie bei Tom ab. Das können wir ihr nicht zumuten.

Lisa: Unsere Eltern haben uns noch ganz andere Sachen zugemutet.

Reinhold: Nein, ihr geht noch nicht, die Party ist noch nicht zu Ende.

Lisa: Geht oder bleibt, wenn ihr die Pointe des Abends erleben wollt.

Reinhold: Was ist das?

Lisa: Die entsetzliche Pointe meines Lebens, die den ganzen Dreck meiner Seele ausmacht. Der Dreck, der mit waschen nicht abgeht. Tief sitzt er drin... ich muss ihn spüren... jeden Tag!

Reinhold: (*schaut verdutzt*) Von was redest du eigentlich? Was für ein Dreck?

Lisa: Der Dreck deiner Hände, Vater!

(*Der Vorhang fällt*)

Dritter Akt

Einziger Auftritt

(*Reinhold und Lisa stehen im Wohnzimmer. Der Tisch ist voller Essensreste und schmutzigem Geschirr*)

Lisa: Jetzt, da alle gegangen sind, müssen wir reden.

Reinhold: Worüber?

Lisa: Über mich.

Reinhold: (*setzt sich*) Ach, ich fühle mich so wohl mit dir. Was sollen wir da besprechen?

Lisa: (*bleibt stehen*) Ich weiß, dass du dich mit mir besonders wohl gefühlt hast.

Reinhold: Was weißt du?

Lisa: Mehr als du denkst.

Reinhold: Ist ja auch egal, prost! (*nimmt einen Schluck Bier*) Du bist so ernst, komm lass uns feiern!

Lisa: Was willst du feiern?

Reinhold: Weihnachten.

Lisa: (*lacht gekünstelt*) Ich will reden, nicht feiern. Du schaffst es nicht mich davon abzuhalten.

Reinhold: Wir können auch fernsehen.

Lisa: Ich will reden!

Reinhold: (*trinkt sein Bier hastig leer*) Hol mir noch ein Bier!

Lisa: Das kannst du dir selber holen.

Reinhold: Jetzt treibst du es aber zu weit. (*wird lauter*) Hol sofort das Bier.

Lisa: Nein! (*schaut ihn fest an*) Solange du mit deinen Krücken rumdreschen kannst, mich nicht bitten kannst, solange kannst du dir dein Bier selbst holen.

Reinhold: Hau ab! Ich will dich nicht mehr sehen, sonst kriegst du tatsächlich eine Abreibung und das heute noch! Du fordert es ja heraus, du bettelst förmlich drum!

Lisa: Ich gehe nicht! Nicht, bevor wir geredet haben.

Reinhold: (*überlegt eine Weile*) Gut, über was wollen wir reden?

Lisa: Über den Dreck deiner Hände.

Reinhold: Ich verstehe nicht was du meinst. Nach diesem Auftritt heute glaube ich, dass du in eine Anstalt gehörst.

Lisa: Ich weiß genau von was ich rede. Jetzt, wo es soweit ist, habe ich Schwierigkeiten mein Vorhaben wahr zu machen. In meiner Analyse habe ich Phasen meines Lebens durch Träume und Assoziationen in mein Gedächtnis zurückgeholt. Bis zu meinem 9. Lebensmonat gehen diese Visionen zurück. Nur... na ja, ich hoffe... ich hoffe meine Visionen stimmen nicht.

Reinhold: Was, so weit gehen die zurück? Ich bin sicher, das geht nicht.

Lisa: Doch, es geht. (*legt die Hände vor das Gesicht*) die Geschichte, als ich 9 Monate alt war, ist zu verschwommen. Aber das, was später geschehen ist, ... diese Sache weiß ich noch ganz genau. (*sieht ihn an*) Ich sitze auf einer Wiese mitten zwischen bunten Blumen und feuchtem Gras auf einer bunt karierten Decke. Die Decke riecht wie unser altes Auto... (*lacht kurz auf*) und wie Tom´s Parka. Ich wusste, ich kenne den Geruch irgendwoher. Ich sitze auf der Decke und weiß genau was kommt. Ein Mann nähert sich mir auf Knien und Händen, er sagt -schau, wie das Käferchen krabbelt- und krabbelt mit seinen Fingerspitzen an meinen Beinchen herum, immer höher... über dem Knie kann ich nicht mehr hinschauen... ich schließe die Augen, weil ich genau weiß, was kommt... mein Kopf wird ganz heiß... ich weiß noch, ich will sterben. Das Käferchen krabbelt bis vor mein Unterhöschen und bahnt sich einen Weg über diese

Hürde... und ... und in mich hinein. Der Mann fragt mich, ob es schön krabbelt. - Mein Käferchen mag dich Lisa- sagte er. Ich kann nicht antworten, weil mir der Kloß in meinem Hals den Atem raubt. -Nur an etwas anderes denken- ... mir wird schlecht... kotzen... mein Leben lang könnte ich kotzen. Das Käferchen krabbelt wieder aus mir heraus und ... in meinen Mund. (*Lisa schrei jetzt*) In meinen Träumen kaue ich heute noch auf diesem Käfer herum!

Reinhold: (*blickt betreten*) Und? Was weiter?

Lisa: (*ungläubig*) Dir fällt nichts dazu ein?

Reinhold: (*schaut auf den Boden*) Nein!

Lisa: (*schreit*) Dich sehe ich in meinen Träumen, der Mann hatte dein Gesicht, deine Hände.

Reinhold: (*schaut entsetzt auf*) Das weißt du noch?

Lisa: (*schreit, ihre Stimme überschlägt sich fast*) Du Dreckschwein hast an mir herumgefingert. Du warst es tatsächlich! (*leise zu sich selbst*) Dass ich mir nicht ganz sicher war, lag wahrscheinlich daran, dass ich gern ein anderes Gesicht gesehen hätte. (*Reinhold schaut immer noch auf den Boden. Lisa hoffnungsvoller*) Oder täusche ich mich nicht doch? Warum sagst du nichts? Verdammt noch mal sag endlich, dass du es nicht warst. Ich habe das alles doch nur gesagt, um dich aus der Reserve zu locken. Ich will doch nur sicher sein, ... sag es sofort!

(*springt auf und kniet vor Reinhold nieder und vergräbt ihr Gesicht in seinem Schoß*)

Bitte, sag es Papa! Was habe ich bloß gemacht? Ich nehme alles zurück... natürlich warst du es nicht... sag doch, dass ich lüge... ich glaube es dir... wirklich... ich habe es doch selbst all die Jahre ge-

glaubt, es hat mich fast verrückt gemacht... sag von mir aus ich spinne... aber
sag was! Sag, dass es ein anderer Kerl
war! Du könntest doch deine eigene Tochter nicht sexuell missbrauchen, oder? (*flüstert und fängt an zu weinen*) Sag, dass du
mein Vater bist und unschuldig! (*ihre
Stimme wird flehend*) Warum sagst du es
denn nicht? (*sieht ein Messer auf dem Tisch
liegen, nimmt es und sticht auf Reinhold ein.
Dabei schreit Lisa die ganze Zeit*) Du
Schwein, du Drecksau, du hast mein Leben versaut, du hast mich dreckig gemacht.

(*Reinhold sinkt zusammen, fällt blutüberströmt
vom Stuhl. Lisa erstarrt, betrachtet das Messer. Der Vorhang fällt*)